Foreign Copyright:
Joonwon Lee Mobile: 82-10-4624-6629

Address: 3F, 127, Yanghwa-ro, Mapo-gu, Seoul, Republic of Korea 3rd Floor
Telephone: 82-2-3142-4151
E-mail: jwlee@cyber.co.kr

옥효진 선생님의 매일매일 문해력 왕 ⑥

2024. 6. 17.   초 판 1쇄 인쇄
2024. 6. 26.   초 판 1쇄 발행

지은이 | 옥효진
그 림 | 신경영
펴낸이 | 최한숙
펴낸곳 | BM 성안북스
주 소 | 04032 서울시 마포구 양화로 127 첨단빌딩 3층(출판기획 R&D 센터)
        10881 경기도 파주시 문발로 112 파주 출판 문화도시 (제작 및 물류)
전 화 | 02) 3142- 0036
        031) 950- 6300
팩 스 | 031) 955- 0510
등 록 | 1973. 2. 1. 제406-2005-000046호
출판사 홈페이지 | www.cyber.co.kr
이메일 문의 | smkim@cyber.co.kr
ISBN | 978-89-7067-449-0 (64710) / 978-89-7067-443-8 (set)
정 가 | 12,800원

이 책을 만든 사람들
총괄 · 진행 | 김상민
기획 | 북케어
본문 · 표지 디자인 | 정유정
홍보 | 김계향, 임진성, 김주승
국제부 | 이선민, 조혜란
마케팅 | 구본철, 차정욱, 오영일, 나진호, 강호묵
마케팅 지원 | 장상범
제작 | 김유석

■ **도서 A/S 안내**

성안당에서 발행하는 모든 도서는 저자와 출판사, 그리고 독자가 함께 만들어 나갑니다.
좋은 책을 펴내기 위해 많은 노력을 기울이고 있습니다. 혹시라도 내용상의 오류나 오탈자 등이 발견되면 **"좋은 책은 나라의 보배"**로서 우리 모두가 함께 만들어 간다는 마음으로 연락주시기 바랍니다. 수정 보완하여 더 나은 책이 되도록 최선을 다하겠습니다.
성안당은 늘 독자 여러분들의 소중한 의견을 기다리고 있습니다. 좋은 의견을 보내주시는 분께는 성안당 쇼핑몰의 포인트(3,000포인트)를 적립해 드립니다.

잘못 만들어진 책이나 부록 등이 파손된 경우에는 교환해 드립니다.

옥효진 선생님의 매일매일 문해력왕 ⑥

1교시 : 옷과 장신구

2교시 : 건강과 안전

3교시 : 운동

4교시 : 집과 청소

BM 성안북스

우리는 하루 동안 수없이 많은 말을 들어요. 엄마, 아빠가 나에게 해 주시는 말들, 학교에서 쉬는 시간 동안 친구들과 나누는 말, 선생님이 수업 시간에 해 주시는 설명들, 만화나 영화 같은 영상 속 등장인물들이 하는 말들을 듣죠. 또, 수없이 많은 글을 읽고 있어요. 재미있는 이야기책 속의 글들, 교과서에 적혀 있는 글들, 길을 걸어가며 보이는 안내문과 간판들. 우리는 말과 글에 둘러싸여 살아가고 있다고 할 수 있는 거죠. 그런데 여러분은 여러분이 보고 듣는 것들을 얼마나 이해하고 있나요? 말을 듣는다고 모든 말을 이해하는 것은 아니에요. 글을 읽는다고 모든 글을 이해하는 것도 아니죠.

우리가 듣는 말과 읽는 글을 이해하기 위해서는 문해력이 필요해요. 문해력이란 내가 읽는 글, 내가 쓰는 글, 내가 듣는 말, 내가 하는 말의 뜻을 이해하고 내 것으로 만드는 능력이에요. 여러분이 읽게 될 교과서 속 글들도, 수업 시간에 선생님이 하는 말씀도, 갖고 싶었던 장난감의 설명서를 읽고 장난감을 사용하는 것도

이 문해력 없이는 어려운 일이에요. 문해력이 있어야 여러분이 보고 듣는 것을 이해할 수 있죠. 다시 말하자면 문해력이 점점 자랄수록 여러분이 경험하고 이해할 수 있는 세상이 점점 넓어지는 것이랍니다.

그래서 문해력을 어릴 적부터 기르는 게 중요해요. 하지만 문해력은 글자를 읽고 쓸 줄 안다고 저절로 생기는 것은 아니에요. 많은 글을 읽으면서 글이 어떻게 쓰여 있는지, 이 글에 담겨 있는 뜻은 무엇인지를 이해하는 연습을 해야 해요. 유명한 운동선수가 매일매일 꾸준히 연습하고, 훈련을 하는 것처럼 말이에요. 오늘부터 선생님과 함께 매일매일 문해력을 기르는 연습을 해 보는 건 어떨까요? 여러분도 모르는 사이에 여러분이 문해력 왕이 되어 있을지도 몰라요. 그만큼 세상을 보는 여러분의 눈도 쑥쑥 자라 있겠죠.

이 책을 통해 여러분들의 문해력이 쑥쑥 자라나기를 바라요. 그리고 쑥쑥 자라난 문해력으로 이제 막 세상에 발걸음을 떼기 시작하는 여러분이 볼 수 있는 세상이 넓어지기를 바랍니다.

옥효진 선생님

초등 교과 전체에서 핵심 주제를 뽑아 어휘, 문법, 독해, 한자까지 익힐 수 있도록 일주일 프로그램으로 구성했습니다.

주제와 관련된 기본 어휘의 이해를 돕는 그림과 함께 익힐 수 있습니다.

주제와 관련된 기본 어휘인 명사, 동사, 형용사를 배웁니다.

주제와 관련된 의성어, 의태어를 배웁니다.

낱말 확장은 물론 속담, 관용어까지 배웁니다.

주제와 관련된 속담과 관용어를 익힙니다.

헷갈리기 쉬운 말, 잘못 쓰기 쉬운 말, 유의어, 반의어, 다의어, 동형어, 고유어, 외래어 등의 확장 낱말을 익힙니다.

7급, 8급 수준의 한자에서 추출한 문해력 핵심 한자를 배웁니다.

한 주에 1개의 핵심 한자와 연관된 한자어 5개를 학습합니다.

그림과 예시글을 통해 한자 사용의 이해를 높였습니다.

직접 써 보는 공간도 마련했습니다.

짧은 문장으로 시작해서 긴 문단 독해까지 독해력이 성장할 수 있도록 구성했습니다.

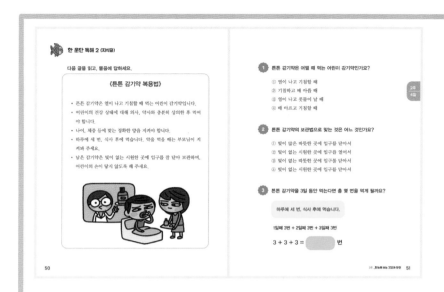

어순, 접속 부사, 종결형 문장, 시제, 높임말, 예사말, 피동, 사동, 부정 등을 익힐 수 있도록 했습니다.

주제와 관련된 확장 어휘를 사용하여 한 문장~세 문장 독해까지 완성된 문장을 만들 수 있도록 했습니다.

우화나 동화(문학), 생활에서 사용되는 지식글(비문학) 등 초등 교과에 담긴 12갈래 형식의 글을 통해 문제를 풀고 익힙니다.

※ 수학 개념을 적용한 문제까지 마련했습니다.

확인 학습을 통해 일주일간 학습한 내용을 복습합니다.

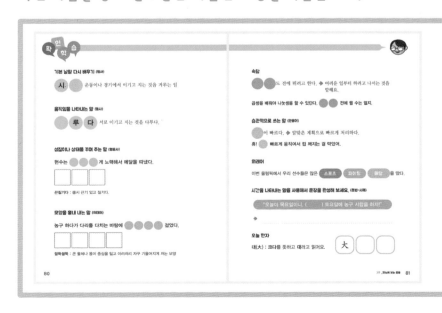

한 주간 배운 내용 중 핵심이 되는 내용을 추렸습니다.

일주일 안에 복습하는 공간을 만들어 학습한 내용을 장기 기억으로 저장할 수 있도록 했습니다.

목차

1주

한눈에 보는
옷과 장신구

옷　　바지　　반바지　　치마　　윗도리　　티셔츠

긴팔　　반팔　　넥타이　　양말　　스타킹

장신구　　귀걸이　　목걸이　　반지　　실내복

외출복　　허리띠　　머리띠　　머리핀　　옷차림

옷 몸을 싸서 가리거나 보호하기 위해 입는 것

장신구 몸을 꾸미는 물건으로 반지, 목걸이, 팔찌, 넥타이 같은 것

실내복 집 안에서 입는 옷

외출복 밖으로 나갈 때 입는 옷

옷과 장신구를 나타내는 말을 알아봅시다. (동사)

입다	벗다	꾸미다	끼우다	빼다
뜨이다	매다	빗다	걸다	쓰다

입다   옷을 몸에 꿰거나 두르다.

꾸미다   모양이 나게 만져 손질하다.

끼우다   걸려 있도록 꿰거나 꽂다.

뜨이다   남보다 훨씬 뚜렷하게 드러나다.

걸다   떨어지지 않도록 매달아 올려놓다.

쓰다   모자를 머리에 얹어 덮다.

옷과 장신구는 각각 어떤 일을 하는지 따라 써 보세요.

입다

벗다

꾸미다

끼우다

빼다

걸다

옷과 장신구의 성질이나 상태를 꾸며 주는 말을 알아봅시다. (형용사)

멋지다	보기에 좋다.
새롭다	지금까지 있은 적이 없다.
특이하다	두드러지게 다르다.
색다르다	비슷한 종류 중에서 다른 점이 있다.
화려하다	환하게 빛나며 곱고 아름답다.
말끔하다	티 없이 맑고 환하게 깨끗하다.

 어떤 말이 들어가야 할까요?

특이   화려   멋지   말끔

• ⬜⬜⬜ 하게 입으니 정말 보기 좋다.

• 엄마의 목걸이가 ⬜⬜⬜ 해서 눈이 부실 정도다.

• 민수는 가끔 ⬜⬜⬜ 한 옷을 입고 온다.

• "너는 목소리가 참 ⬜⬜⬜ 구나!"

한 문장 독해 _ 한 문장으로 된 글을 읽고, 물음에 답하세요.

> 나는 벗은 옷을 옷걸이에 잘 걸어 놓았다.

1. 나는 옷을 어디에 걸어 놓았는지 쓰세요.

....

> 지수는 머리카락을 예쁘게 빗고 사진을 찍었어요.

2. 지수는 무엇을 빗고 사진을 찍었나요?

> 머리카락 / 옷 / 모자

> 옷은 항상 말끔하고 단정하게 입는 것이 보기에 좋아요.

3. 옷을 어떻게 입는 것이 보기에 좋은가요?

> 말끔하고 단정하게 / 예쁘고 멋지게 / 비싸고 화려하게

두 문장 독해 _ 두 문장으로 된 글을 읽고, 물음에 답하세요.

> 우리 아빠는 회사에 출근하실 때 넥타이를 매신다.
> 그러면 평소보다 아빠가 더 멋져 보인다.

1. 아빠가 회사에 출근하실 때 매는 것을 쓰세요.

....

> "언니. 지금 입은 옷이 나한테 잘 어울려?"
> "응. 너에게 잘 어울리고 예뻐."

2. 나에게 무엇이 잘 어울리는지 물어보았나요?

> 낀 목걸이 / 입은 옷 / 신은 양말 / 쓴 안경

> 엄마가 뺀 목걸이를 어디에 뒀는지 찾고 계셨다.
> 나는 아까 보석 상자 안에 걸어 두셨다고 말씀드렸다.

3. 엄마는 목걸이를 어떻게 했나요?

> 보석 상자 겉에 끼웠다.
> 보석 상자 안에 걸어 두셨다.
> 보석 상자 밖에 두었다.

세 문장 독해 _ 세 문장으로 된 글을 읽고, 물음에 답하세요.

꾸미는 것을 좋아하시는 우리 할머니는 동네에서 소문난 멋쟁이시다.
매일 색다른 옷을 입으시고, 항상 목걸이와 귀걸이도 끼고 계신다.
특이하다고 말하는 사람도 있지만, 나는 우리 할머니가 참 멋지다고 생각한다.

1. 우리 할머니는 동네에서 어떻게 소문이 났나요?

....

2. 할머니가 항상 끼고 계시는 것은 무엇인가요?

....

3. 나는 할머니를 어떻게 생각하나요?

....

모양을 흉내 내는 말 (의태어)

• 할머니는 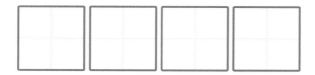 화려한 옷을 좋아하신다.

울긋불긋 : 여러 가지 빛깔들이 복잡하게 뒤섞여 있는 모양

• 엄마의 귀에서 작은 귀걸이가 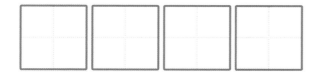 거린다.

달랑달랑 : 작은 방울이나 매달린 물체가 자꾸 흔들리는 모양

• 아무렇게나 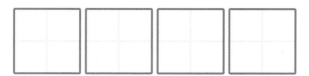 붙은 장식들이 예쁘지 않아요.

덕지덕지 : 어지럽게 덧붙거나 겹쳐 있는 모양

• 운동화가 너무 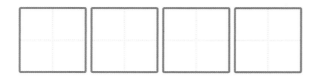 해요.

꼬질꼬질 : 옷이나 몸에 때가 많아 매우 지저분한 모양

옷과 장신구 _ 관계있는 속담

> 귀에 걸면 귀걸이 코에 걸면 코걸이

> 이렇게도 되고 저렇게도 될 수 있는 것을 말해요.

경기 판정을 귀에 걸면 귀걸이
코에 걸면 코걸이 식으로
하는 바람에
관중들이 화가 났다.

> 옷이 날개라.

> 옷이 좋으면 사람이 돋보인다는 뜻이에요.

옷이 날개라더니,
단정하게 입으니
보기 좋구나.

옷과 장신구 _ 관계있는 습관적으로 쓰는 말 (관용어)

옷깃을 여미다.

옷을 가지런하게 하고 자세를 바로잡다.

나는 다시 한번
옷깃을 여민 후,
인사말을 시작했다.

제 눈에 안경

보잘것없는 물건이라도 내 마음에 들면 좋게 보인다.

그래. 제 눈에 안경이지.
네가 좋으면 된 거야.

여러 가지 뜻을 가진 낱말 (다의어)

1 꾸미다

모양이 좋게
매만지거나
손질하다.

2 꾸미다

거짓이나
없는 것을
사실인 것처럼
지어내다.

3 꾸미다

어떤 일을
짜고 만들다.

- 어떤 '꾸미다'인지 번호를 써 보세요.

"그건 네가 꾸민 이야기니까 믿지 않을 거야."

언니는 예쁘게 꾸미고 친구를 만나러 나갔다.

"내일까지 여름 방학 계획표를 꾸며서 내야 해."

피동 표현과 사동 표현을 사용하여 문장을 완성해 보세요. (문법-피동과 사동)

피동은 다른 사람이나 사물에 의해서 움직이는 것을 말해요.
➔ **인형이 선물 상자에** 담겼다.

사동은 직접 하는 것이 아니라, 다른 사람이나 사물에 어떤 동작을 하게 하는 것을 말해요.
➔ **사과 껍질을** 깎아 주었다.

씌워 주셨다   신겨 주었다   끼워 주셨다   입혀 주었다

민지는 바지를 입었다.

➔ 언니가 민지에게 바지를 　　　　　　　　　.
···

동생이 양말을 신었다.

➔ 형이 동생에게 양말을 　　　　　　　　　.
···

나는 반지를 꼈다.

➔ 할머니께서 나에게 반지를 　　　　　　　　　.
···

나는 파란색 모자를 썼다.

➔ 삼촌이 나에게 파란색 모자를 　　　　　　　　　.
···

한 문단 독해 1 (우화, 동화)

다음 글을 읽고, 물음에 답하세요.

> 옛날 어느 나라에 옷을 좋아하는 멋쟁이 임금님이 있었어요.
>
> 옷을 위해서라면 아무리 많은 돈도, 어떤 귀한 보석도 아끼지 않았지요.
>
> 하지만 옷이 많아질수록 욕심도 더 커졌답니다.
>
> '무지갯빛 황금 깃털이 달린 옷도, 화려한 보석이 주렁주렁한 옷도 이제 마음에 들지 않아. 더 멋지고 아름다운 옷이 없을까?'
>
> 그래서 임금님은 재봉사를 시켜 마음에 쏙 드는 옷을 만들기로 했어요.
>
> "여봐라! 이 나라에서 가장 솜씨 좋은 **재봉사**를 부르거라!"
>
>

재봉사 : 옷을 만드는 일을 직업으로 하는 사람이에요.

24

1 임금님은 옷이 많아질수록 어떤 마음이 들었나요?

① 절약해야겠다고 생각했어요.

② 욕심이 더 줄었어요.

③ 욕심도 더 커졌어요.

④ 옷이 필요 없다고 생각했어요.

2 더 멋지고 아름다운 옷이 갖고 싶었던 임금님은 어떻게 하기로 했나요?

① 신하를 시켜 더 좋은 옷을 사 오도록 했어요.

② 재봉사를 시켜 마음에 쏙 드는 옷을 만들기로 했어요.

③ 임금님이 스스로 옷을 만들기로 했어요.

④ 재봉사를 시켜 최고의 옷을 뺏어 오게 했어요.

3 '어떤 것이 많이 달린 모양'으로 임금님의 옷에 보석이 달린 모습을 어떻게 나타냈나요?

화려한 보석이 ●●●● 한 옷도 이제 마음에 들지 않아.

하다.

한 문단 독해 2 (지식글)

다음 글을 읽고, 물음에 답하세요.

코코 샤넬은 프랑스의 **패션 디자이너**이자 **사업가**로 세계적인 브랜드 '샤넬'을 만들었다.

입고 있으면 답답하고, 화려한 장식 때문에 움직이기 불편했던 여성의 옷을 버리고, 아름다우면서도 활동할 때 편한 옷을 만들어 여성들 사이에 굉장한 인기를 누렸는데, 이것은 역사적으로 여성을 자유롭게 하는 **시작점**이 되었다.

작은 모자 가게에서 출발하여 단 6년 만에 이룬 성공은, 그로부터 5년 후에 세계적으로 유명한 향수를 발표하면서 더더욱 큰 성공을 만들어 냈다.

패션 디자이너 : 창의적인 생각과 예술적 감각으로 옷의 모양을 그림으로 나타내는 사람이에요.

사업가 : 돈을 벌 목적으로 일을 계획하고 관리하는 사람이에요.

시작점 : 무언가가 처음으로 일어나거나 시작되는 것이에요.

1 코코 샤넬의 직업은 무엇인가요?

① 패션 디자이너, 사업가   ② 보석 디자이너, 사업가

③ 사업가, 여성 운동가   ④ 패션 디자이너, 운동선수

2 역사적으로, 여성을 자유롭게 하는 시작점이 된 것은 무엇인가요?

① 코코 샤넬이 예쁘지는 않지만 편한 옷을 만든 것

② 코코 샤넬이 아름다우면서도 편한 옷을 만든 것

③ 코코 샤넬이 여성을 위해 매우 아름다운 옷을 만든 것

④ 코코 샤넬이 남자들의 옷과 비슷하게 만든 것

3 코코 샤넬이 작은 모자 가게에서 출발하여 큰 성공을 이루기까지 얼마나 걸렸나요?

작은 모자 가게에서 출발하여 단 6년 만에 이룬 성공은, 그로부터 5년 후에 세계적으로 유명한 향수를 발표하면서 더더욱 큰 성공을 만들어 냈다.

6년 + 5년   6 + 5 = ⬜ 년

수(手)　　손을 뜻하고
　　　　　수라고 읽어요.

 다음 낱말을 큰 소리로 읽어 보세요.

박수　가수　선수

실수　세수

이 글자는 사람의 손 모양이에요.

모양	뜻	소리
手	손	수

쓰는 순서와 쓰기

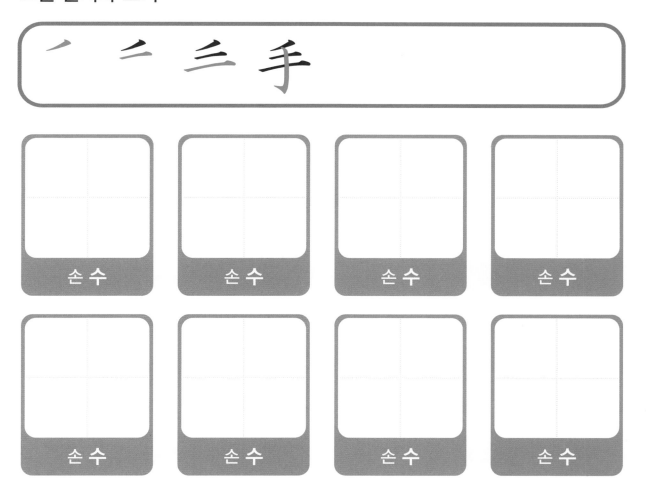

손 수 · 손 수 · 손 수 · 손 수

손 수 · 손 수 · 손 수 · 손 수

낱말에 수(手)가 숨어 있으면, 그 낱말에는 '손'의 뜻이 들어 있어요.

낱말에 똑같이 들어 있는 글자에 동그라미 하세요.	낱말에 숨어 있는 같은 한자에 동그라미 하세요.
박수	박手 두 손뼉을 마주침
가수	가手 노래를 부르는 것이 직업인 사람
선수	선手 운동하는 것을 직업으로 하는 사람
실수	실手 조심하지 않아서 잘못함
세수	세手 손이나 얼굴을 씻음
공통 글자는 무엇인지 써 보세요.	공통 한자는 무엇인지 써 보세요.

손 수(手)가 숨어 있는 낱말에 동그라미 하고 써 보세요. (5개)

사람들의 박수를 받는 직업을 가지면 어떨까? 화려한 무대의 가수, 세계적인 운동선수 같은 사람들은 실수하지 않으려고 늘 노력할 것 같다. 나도 열심히 공부해서 내 꿈을 이뤄야지! 시원하게 세수하고 책상 앞에 앉았다.

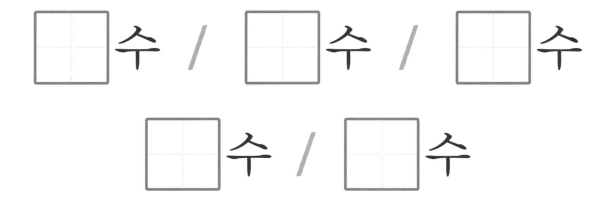

| | 수 / | | 수 / | | 수 |

| | 수 / | | 수 |

기본 낱말 다시 배우기 (명사)

 몸을 꾸미는 물건으로 반지, 목걸이, 팔찌, 넥타이 같은 것

움직임을 나타내는 말 (동사)

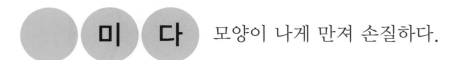 모양이 나게 만져 손질하다.

성질이나 상태를 꾸며 주는 말 (형용사)

엄마의 목걸이가  해서 눈이 부실 정도다.

화려하다 : 환하게 빛나며 곱고 아름답다.

모양을 흉내 내는 말 (의태어)

엄마의 귀에서 작은 귀걸이가  거린다.

달랑달랑 : 작은 방울이나 매달린 물체가 자꾸 흔들리는 모양

32

속담

옷이 ⬤ ⬤ 라. ➡ 옷이 좋으면 사람이 돋보인다는 뜻이에요.

옷이 ⬤ ⬤ 라더니, 단정하게 입으니 보기 좋구나.

습관적으로 쓰는 말 (관용어)

제 눈에 ⬤ ⬤ ➡ 보잘것없는 물건이라도 내 마음에 들면 좋게 보인다.

그래. 제 눈에 ⬤ ⬤ 이지. 네가 좋으면 된 거야.

여러 가지 뜻을 가진 낱말 (다의어)

언니는 예쁘게 꾸미고
친구를 만나러 나갔다.

- 모양이 좋게 매만지거나 손질하다.
- 거짓이나 없는 것을 사실인 것처럼 지어내다.
- 어떤 일을 짜고 만들다.

피동 표현과 사동 표현을 사용하여 문장을 완성해 보세요. (문법-피동과 사동)

동생이 양말을 신었다.

➡ 형이 동생에게 양말을 ⬜⬜⬜⬜.

오늘 한자

수(手) : 손을 뜻하고 수라고 읽어요.

手 ⬜ ⬜

2주

한눈에 보는

건강과 안전

건강 위생 안전 소독 세정제 비누 거품 때 더러움

영양 주의 부주의 위험 안전 비상 비상구 구조

건강 몸과 마음이 아무 탈이 없고 튼튼함

위생 건강에 좋거나 깨끗해지도록 행동하는 것

세정제 비누처럼 물에 풀어서 더럽거나 지저분한 것을 씻어 내는 데 쓰는 것

안전 위험이 생기거나 사고가 날 염려가 없음

비상구 갑작스러운 사고가 일어날 때에 피할 수 있도록 특별히 마련한 출입구

구조대 위험에 빠진 사람이나 물건을 구하는 사람들 무리

건강과 안전을 나타내는 말을 알아봅시다. (동사)

다치다	지치다	씻다	닦다	없애다
쉬다	지켜보다	나아지다	넘어지다	부러지다

다치다 몸에 상처가 생기다.

지치다 힘든 일을 하거나 어떤 일 때문에 기운이 빠지다.

닦다 더러운 것을 없애다.

없애다 사라지게 하다.

쉬다 피로를 풀려고 몸을 편안히 두다.

지켜보다 잘 살펴보다.

위생과 위험은 각각 어떤 일을 하는지 따라 써 보세요.

씻다

닦다

없애다

다치다

넘어지다

부러지다

건강과 안전의 성질이나 상태를 꾸며 주는 말을 알아봅시다. (형용사)

깨끗하다	때나 더러움이 없다.
더럽다	때나 찌꺼기가 있어 지저분하다.
튼튼하다	몸이나 뼈, 이가 단단하고 굳세거나 병에 잘 걸리지 않는 힘이 있다.
허약하다	힘이나 기운이 없고 약하다.
이롭다	보탬이 된다.
해롭다	해가 된다.

 어떤 말이 들어가야 할까요?

허약   튼튼   더러   깨끗

• "옷이 　　　　　　　워서 방금 빨았어."

• 나는 오늘 방을 　　　　　　　하게 청소했다.

• "동생은 몸이 　　　　　　　한 편이라 걱정돼."

• "올해는 꾸준하게 운동해서 몸이 　　　　　　　하구나!"

한 문장 독해 _ 한 문장으로 된 글을 읽고, 물음에 답하세요.

나는 음식을 먹고 나면 반드시 이를 닦는다.

1. 내가 음식을 먹고 나면 반드시 하는 일을 쓰세요.

. . . .

누나가 친구와 장난을 치다가 손가락이 부러졌어요.

2. 누나는 장난을 치다가 어디가 부러졌나요?

발가락 / 손가락 / 팔목

동생이 체육 시간에 뜀틀을 하다가 무릎을 다쳤다.

3. 동생이 뜀틀을 하다가 어떻게 되었나요?

팔꿈치를 다쳤다. / 손바닥을 다쳤다. / 무릎을 다쳤다.

두 문장 독해 _ 두 문장으로 된 글을 읽고, 물음에 답하세요.

> 토요일에 아빠와 함께 지칠 때까지 수영을 했다.
> 잠시 쉬는 동안 마신 음료수는 꿀맛이었다.

1. 토요일에 아빠와 함께 한 운동을 쓰세요.

. . . .

> "지훈아, 사촌 동생은 아기니까 잘 지켜봐야 해."
> "네. 삼촌. 주의해서 볼게요."

2. 삼촌은 누구에게 아기를 부탁했나요?

> 지훈이 / 사촌 동생 / 형 / 삼촌

> 형은 감기에 걸려 매우 아팠어요.
> 이틀 정도 지나자 좀 나아져서 다행이에요.

3. 형은 이틀 정도 지나자 어떻게 되었나요?

> 좀 나아졌어요.
> 더 아프게 되었어요.
> 씻은 듯이 다 나았어요.

세 문장 독해 _ 세 문장으로 된 글을 읽고, 물음에 답하세요.

올바른 손 씻기는 감기나 배탈을 예방합니다.
세균을 없애려면 물로만 씻어서는 안 됩니다.
반드시 세정제를 이용하여 30초 이상 구석구석 문질러 주어야 합니다.

1. 감기나 배탈을 예방하는 것은 무엇인가요?

....

2. 물로만 씻어서 없어지지 않는 것은 무엇인가요?

....

3. 무엇을 이용하여 손을 씻어야 하나요?

....

소리를 흉내 내는 말 (의성어)

- 배에서 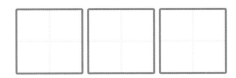 소리가 나면서 아프기 시작했어요.

꾸르륵 : 배 속이 몹시 끓는 소리

- 먼지가 붙은 신발을 깨끗하게 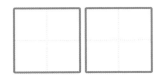 털었어요.

탈탈 : 계속해서 가볍게 울리거나 물건에 앉은 먼지 등을 터는 소리

- 상자들이 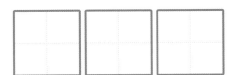 무너지면서 지나가던 사람이 많이 다쳤어요.

와르르 : 쌓여 있던 단단한 물건들이 갑자기 야단스럽게 무너지는 소리

- 일어나자마자 시원하게 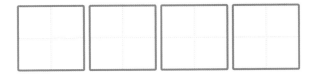 세수했다.

어푸어푸 : 얼굴이나 몸에 물을 끼얹을 때 내는 소리

감기는 밥상머리에서 물러간다.

식사를 잘하면 감기 정도는 저절로 나을 수 있다는 말이에요.

감기는 밥상머리에서
물러간다니까
아파도 밥은 잘 먹어야 한다.

십 년 묵은 체증이 내리다.

어떤 일을 해서 속이 후련해진 경우를 뜻해요.

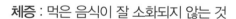
체증 : 먹은 음식이 잘 소화되지 않는 것

언니랑 화해하고 나니
십 년 묵은 체증이
내려간 것 같다.

건강과 안전 _ 관계있는 습관적으로 쓰는 말 (관용어)

아픈 곳을 건드리다.

상대방의 모자란 점을 말하다.

누나가 자꾸
아픈 곳을 건드려서
속상했다.

씻은 듯이

아주 깨끗하게.

푹 자고 나니
감기가 씻은 듯이 나았다.

비슷한 말과 반대말 (유의어와 반의어)

비슷한 말

넘어지다 한쪽으로 기울어지며 쓰러지다.

쓰러지다 한쪽으로 넘어지거나 무너져 바닥에 눕는 상태가 되다.

미끄러지다 비탈지거나 미끄러운 곳에서 한쪽으로 밀리거나 넘어지다.

반대말

일어나다 누웠다가 앉거나 앉았다가 서다.

안전

• 비슷한 말과 반대말을 연결해 보세요.

나는 숨바꼭질을 하다가 　　　　　.　　　　•

동생은 눈길에서 뛰다가 　　　　　.　　　　•

운동하던 친구가 갑자기 　　　　　.　　　　•

동생은 넘어져도 씩씩하게 벌떡 　　　　　.　　　　•

넘어졌다

• 쓰러졌다

미끄러졌다

• 일어났다

명령문을 만들어 보세요. (문법-종결형 문장)

> **명령문**은 상대방에게 어떤 행동을 명령하거나 지시하는 문장이에
> 요. 문장 부호는 마침표 (.) 또는 느낌표(!)를 써요.

"외출했다가 집에 돌아오면 손을 꼭 (씻어요. / 씻어라.)"

→

....

"안전 신고 센터의 119 번호는 반드시 (기억해! / 기억할래?)"

→

....

건강을 위해서 규칙적으로 운동을 (하세요. / 합니다.)

→

....

"지진 대피 훈련은 반드시 해야 (해! / 하니?)"

→

....

다음 글을 읽고, 물음에 답하세요.

한 마을에 '삼 년 고개'란 곳이 있었어요.

이곳에서 넘어지면 삼 년밖에 못 산다고 해서 붙여진 이름이었지요.

어느 날 할아버지의 얼굴에 걱정이 가득한 것을 본 손자는 무슨 일인지 여쭤보았어요.

"애야, 내가 무시무시한 삼 년 고개에서 넘어졌단다. 어쩌면 좋아. 어휴."

하지만 지혜로운 손자는 좋은 방법을 생각해 냈어요.

"아하! 한 번 넘어지면 3년을 살지요? 그럼 2번 넘어지면 6년, 3번 넘어지면 9년을 살겠네요. 결국 그 고개에서 구르실 때마다 더 오래오래 사실 거예요!"

1 '삼 년 고개'란 이름이 붙은 이유는 무엇인가요?

① 이곳에서 넘어지면 삼 년 동안 아파서

② 사람들이 이곳에서 삼 년만 살아서

③ 삼 년 동안 사람들이 자꾸 넘어져서

④ 이곳에서 넘어지면 삼 년밖에 못 살아서

2 존댓말이 바르게 쓰인 문장은 어느 것인가요?

① 손자는 할아버지에게 물었어요.

② 손자는 할아버지께 여쭤보았어요.

③ 할아버지는 손자에게 여쭤보았어요.

④ 할아버지는 손자께 물어보았어요.

3 '시간이 지나는 기간이 매우 길게'라는 뜻으로 손자는 할아버지께서 더 오래 사실 것을 어떻게 나타냈나요?

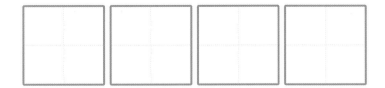

결국 그 고개에서 구르실 때마다 더 ●●●● 사실 거예요!

다음 글을 읽고, 물음에 답하세요.

《튼튼 감기약 복용법》

- 튼튼 감기약은 열이 나고 기침할 때 먹는 어린이 감기약입니다.
- 어린이의 건강 상태에 대해 의사, 약사와 충분히 상의한 후 먹어야 합니다.
- 나이, 체중 등에 맞는 정확한 양을 지켜야 합니다.
- 하루에 세 번, 식사 후에 먹습니다. 약을 먹을 때는 부모님이 지켜봐 주세요.
- 남은 감기약은 빛이 없는 시원한 곳에 입구를 잘 닫아 보관하며, 어린이의 손이 닿지 않도록 해 주세요.

튼튼 감기약은 어떨 때 먹는 어린이 감기약인가요?

① 열이 나고 기침할 때
② 기침하고 배 아플 때
③ 열이 나고 콧물이 날 때
④ 배 아프고 기침할 때

 튼튼 감기약의 보관법으로 맞는 것은 어느 것인가요?

① 빛이 많은 따뜻한 곳에 입구를 닫아서
② 빛이 없는 시원한 곳에 입구를 열어서
③ 빛이 없는 따뜻한 곳에 입구를 닫아서
④ 빛이 없는 시원한 곳에 입구를 닫아서

 튼튼 감기약을 3일 동안 먹는다면 총 몇 번을 먹게 될까요?

하루에 세 번, 식사 후에 먹습니다.

1일째 3번 + 2일째 3번 + 3일째 3번

3 + 3 + 3 = [   ] 번

소(小)　　작다를 뜻하고
　　　　　소라고 읽어요.

 다음 낱말을 큰 소리로 읽어 보세요.

협소하다　축소　소설

왜소하다　소심하다

이 글자는 작은 조각이 튀는 모양이에요.

모양	뜻	소리
小	작다.	소

쓰는 순서와 쓰기

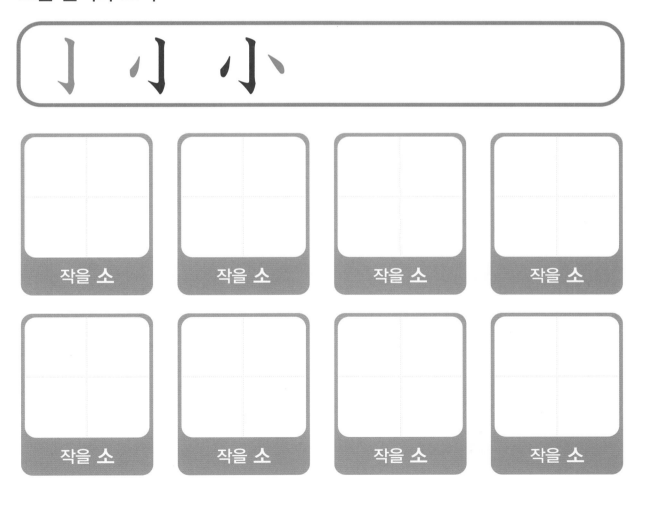

작을 소

작을 소

작을 소

작을 소

작을 소

작을 소

작을 소

작을 소

낱말에 소(小)가 숨어 있으면 그 낱말에는 '작다.'의 뜻이 들어 있어요.

낱말에 똑같이 들어 있는 글자에 동그라미 하세요.	낱말에 숨어 있는 같은 한자에 동그라미 하세요.
협소하다	협小하다 공간이 좁고 작음
축소	축小 모양이나 크기를 줄여서 작게 하는 것
소설	小설 사실 또는 작가의 상상력에 바탕을 두고 이야기를 꾸며 나간 것
왜소하다	왜小하다 몸이 작음
소심하다	小심하다 용감하지 못하고 조심성이 아주 많음

공통 글자는 무엇인지 써 보세요.	공통 한자는 무엇인지 써 보세요.

54

작을 소(小)가 숨어 있는 낱말에 동그라미 하고 써 보세요. (5개)

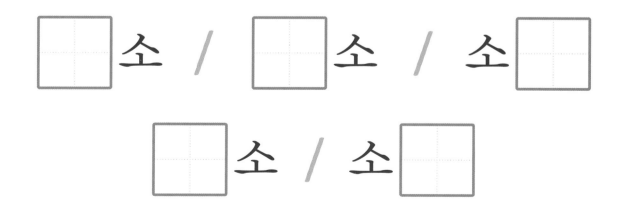

난 협소한 곳에서 현실 세계의 축소판 같은 소설 읽기를 좋아한다. 엄마는 왜소한데 책만 읽지 말고 밖에 나가서 놀아야 건강해진다고 하신다. 난 소심한 마음에 건강이 걱정되기도 하지만, 좋아하는 책은 포기할 수가 없다.

☐소 / ☐소 / 소☐

☐소 / 소☐

기본 낱말 다시 배우기 (명사)

 전   위험이 생기거나 사고가 날 염려가 없음

움직임을 나타내는 말 (동사)

 다   몸에 상처가 생기다.

성질이나 상태를 꾸며 주는 말 (형용사)

"옷이 워서 방금 빨았어."

더럽다 : 때나 찌꺼기가 있어 지저분하다.

소리를 흉내 내는 말 (의성어)

상자들이 무너지면서 지나가던 사람이 많이 다쳤어요.

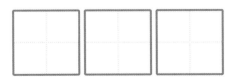

와르르 : 쌓여 있던 단단한 물건들이 갑자기 야단스럽게 무너지는 소리

속담

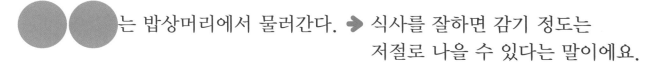는 밥상머리에서 물러간다. ➜ 식사를 잘하면 감기 정도는
저절로 나을 수 있다는 말이에요.

○○는 밥상머리에서 물러간다니까 아파도 밥은 잘 먹어야 한다.

습관적으로 쓰는 말 (관용어)

듯이 ➜ 아주 깨끗하게.

푹 자고 나니 감기가 ○○ 듯이 나았다.

비슷한 말과 반대말 (유의어와 반의어)

동생은 눈길에서 뛰다가 **미끄러졌다** 일어났다 .

동생은 넘어져도 씩씩하게 벌떡 미끄러졌다 **일어났다** .

명령문을 만들어 보세요. (문법-종결형 문장)

"외출했다가 집에 돌아오면 손을 꼭 (씻어요. / 씻어라.)"

➜ . . . .

오늘 한자

소(小) : **작다**를 뜻하고 **소**라고 읽어요.

小		

3주

한눈에 보는

운동

한눈에 보는 운동

운동　올림픽　국가 대표　기록　체육 대회

시합　우승　응원　금메달　은메달

동메달　도전　훈련　목표　승부욕　승리

운동　사람이 몸을 튼튼하게 하거나 건강을 위하여 몸을 움직이는 일

올림픽　4년마다 여러 나라가 모여서 겨루는 운동 경기 대회

국가 대표　여러 나라가 겨루는 경기에서 자기 나라를 대표하여 경기에 나가는 선수

시합　운동이나 경기에서 이기고 지는 것을 겨루는 일

응원　선수들이 힘을 낼 수 있도록 도와주는 일

승리　겨루어서 이김

운동을 나타내는 말을 알아봅시다. (동사)

| 이기다 | 지다 | 달리다 | 뛰다 | 겨루다 |
| 앞서다 | 뒤처지다 | 차다 | 던지다 | 치다 |

이기다 내기나 시합에서 겨루어 나은 위치를 차지하다.

지다 내기나 시합에서 겨루어 상대에게 꺾이다.

겨루다 서로 이기고 지는 것을 다투다.

앞서다 앞에 있는 것을 지나쳐 가다.

차다 발로 힘껏 건드리거나 받아 올리다.

치다 손이나 손에 든 물건으로 물체를 세게 닿게 하다.

 시합과 경기는 각각 어떤 일을 하는지 따라 써 보세요.

이기다

지다

겨루다

달리다

차다

던지다

운동의 성질이나 상태를 꾸며 주는 말을 알아봅시다. (형용사)

세다	힘이 강하다.
약하다	힘의 정도가 작다.
끈질기다	몹시 끈기 있고 질기다.
대단하다	여러 사람 가운데서 특별히 더 뛰어나다.
아쉽다	깨끗이 잊지 못하고 마음이 남아 서운하다.
가능하다	할 수 있거나 될 수 있다.

 어떤 말이 들어가야 할까요?

아쉽　　　세　　　가능　　　끈질기

- "열심히 연습하면 체육 대회 우승도 　　　　　　해!"

- 현수는 　　　　　　게 노력해서 메달을 따냈다.

- "우리 반이 이길 줄 알았는데 져서 너무 　　　　　　다!"

- "민수가 힘이 너무 　　　　　　서 내가 팔씨름에서 졌어."

한 문장 독해 _ 한 문장으로 된 글을 읽고, 물음에 답하세요.

뒤처져 있던 우리 팀의 점수가 앞서 나가기 시작했다.

1. 앞서 나가기 시작한 것은 무엇인지 쓰세요.

....

선수는 다쳤는데도 경기를 포기하지 않고 끈질기게 이어 갔다.

2. 다친 선수가 포기하지 않은 것은 무엇인가요?

금메달 / 경기 / 우승

축구를 하다가 내가 찬 공이 친구 머리에 맞았어요.

3. 내가 찬 공이 어떻게 되었나요?

친구 머리에 맞았어요. / 상대 팀에게 뺏겼어요. / 경기장 밖으로 나갔어요.

두 문장 독해 _ 두 문장으로 된 글을 읽고, 물음에 답하세요.

> 내 동생은 학교 대표 선수로 육상 대회에 나갔다.
> 가족들과 친구들이 큰 목소리로 응원했다.

1. 동생은 학교 대표 선수로 어떤 대회에 나갔는지 쓰세요.

3주
2일

> "형, 누가 더 힘이 센지 팔씨름으로 겨뤄 보자."
> "좋아. 지고 나서 억울해하면 안 돼."

2. 나와 형은 무엇을 했나요?

> 씨름 / 달리기 / 팔씨름 / 내기

> 내가 응원하는 농구팀이 져서 너무 아쉽다.
> 다음 경기에서는 꼭 이겼으면 좋겠다.

3. 응원하는 농구팀이 어떻게 되었나요?

> 경기에서 졌다.
> 경기에서 이겼다.
> 아쉬운 경기를 했다.

세 문장 독해 _ 세 문장으로 된 글을 읽고, 물음에 답하세요.

야구는 투수가 던지는 공을 타자가 방망이로 치는 것이 경기 방식이다.
공을 친 타자는 경기장 안의 약속된 곳을 밟으며 돈다.
그리고 공보다 먼저 홈에 이르면 점수를 얻게 되는 경기이다.

1. 투수가 던지는 공을 타자가 방망이로 치는 경기는 무엇인가요?

....

2. 공을 치고 경기장 안을 도는 사람은 누구인가요?

....

3. 점수는 어떻게 얻게 되나요?

....

모양을 흉내 내는 말 (의태어)

- 콧등에 땀방울이 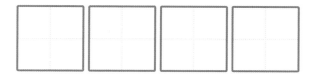 맺히기 시작했어요.

송알송알 : 땀방울이나 물방울, 열매가 잘게 많이 맺힌 모양

- 농구 하다가 다리를 다치는 바람에 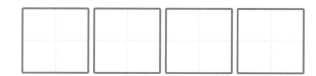 걸었다.

절뚝절뚝 : 큰 물체나 몸이 중심을 잃고 이리저리 자꾸 기울어지게 저는 모양

- 내 발밑으로 축구공이 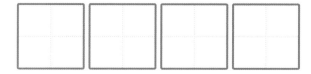 굴러왔다.

데굴데굴 : 물건이 계속 구르는 모양

- 바닥이 너무 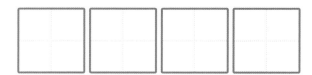 해서 공을 차기가 힘들어요.

매끈매끈 : 매끄럽고 반들반들해서 자꾸 밀려 나가는 모양

 **운동** _ 관계있는 속담

뛰는 놈 위에 나는 놈 있다.

더 잘하는 사람도 늘 있으니, 겸손해야 한다는 뜻이에요.

뛰는 놈 위에 나는 놈 있다고,
나보다 잘하는 사람이 있겠지.
더 열심히 하자!

걷기도 전에 뛰려고 한다.

어려운 일부터 하려고 나서는 것을 말해요.

곱셈을 배워야
나눗셈을 할 수 있단다.
걷기 전에 뛸 수는 없지.

운동 _ 관계있는 습관적으로 쓰는 말 (관용어)

이리 뛰고 저리 뛰다.

매우 바쁘게 움직이다.

우리 반은 모두
이리 뛰고 저리 뛰며
학예회 준비를 했다.

발이 빠르다.

알맞은 계획으로 빠르게 처리하다.

휴! 발 빠르게 움직여서
컵 깨지는 걸 막았어.

 **외래어**

  **스포츠** sports : 일정한 규칙에 따라 개인이나 단체끼리 겨루는 일

  **파이팅** fighting : 운동 경기에서 응원하는 사람이 선수에게 잘 싸우라는 뜻으로 외치는 소리

  **메달** medal : 운동 경기에서 좋은 결과를 냈을 때나 기념하기 위해 금, 은, 동에 여러 가지 모양을 새겨 넣어 만든 둥근 패

• 외래어를 바르게 써 보세요.

이번 올림픽에서 우리 선수들은 많은 _____ 을 땄다.

관객들은 큰 소리로 _____ 을 외쳤다.

나와 형은 탁구와 농구 같은 _____ 를 좋아한다.

70

시간을 나타내는 말을 사용해서 문장을 완성해 보세요. (문법-시제)

오늘   내일   어제   모레

오늘 : 지금 지나가고 있는 이날

내일 : 오늘의 바로 다음 날

어제 : 오늘의 바로 하루 전날

모레 : 내일의 다음 날

3주
3일

나는 (   ) 아빠와 야구 경기를 봤다.

➡ ....

(   ) 시합을 위해서, 오늘은 푹 자야겠다.

➡ ....

우리 반이 그토록 기다리던 체육 대회 날이 바로 (   )이다!

➡ ....

"오늘이 목요일이니, (   ) 토요일에 농구 시합을 하자!"

➡ ....

한 문단 독해 1 (우화, 동화)

다음 글을 읽고, 물음에 답하세요.

> "누가 뭐래도 이 토끼님이 달리기 1등이지! 누가 날 이기겠어?"
>
> 그때 저 숲 끝에서 거북이가 느릿느릿, 엉금엉금 기어 왔어요.
>
> 그리고 토끼에게 말했습니다.
>
> "잘난 체쟁이 토끼야. 그럼 나와 달리기 경주 한번 해 볼래? 너무 자신만만하지는 마. 길고 짧은 건 대어 봐야 알지!"
>
> "좋아. 하지만 어림없을걸."
>
> 깡충깡충, 쌩! 토끼는 어느새 저 멀리 뛰어갔어요.
>
> 토끼가 잠시 뒤를 돌았을 때 거북이의 모습은 보이지 않았습니다.

토끼가 제일 잘한다고 생각한 것은 무엇인가요?

① 멀리뛰기 　　　　　② 높이뛰기

③ 달리기 　　　　　　④ 잘난 체하기

 거북이는 어떻게 기어 왔나요?

① 깡충깡충, 쌩 　　　　② 느릿느릿, 쌩

③ 깡충깡충, 엉금엉금 　④ 느릿느릿, 엉금엉금

 거북이와 토끼의 특징을 비교해 보세요.

빨라요 　　기어가요 　　뛰어가요 　　느려요

• 거북이는 토끼보다 　　　　　　　.

• 토끼는 거북이보다 　　　　　　　.

• 거북이는 엉금엉금 　　　　　　　.

• 토끼는 깡충깡충 　　　　　　　.

다음 글을 읽고, 물음에 답하세요.

어린이 여러분, 안녕하세요!

피구 왕 통통키 아저씨예요.

오늘은 어린이 여러분에게 피구를 더 잘하는 법을 알려 주려고 해요.

아저씨만 잘 따라 하면 여러분도 오늘부터 피구 왕!

먼저 상대방의 눈과 공을 주의 깊게 보세요.

그리고 공을 피할 건지, 잡을 건지 빠르게 결정합니다.

무섭다고 친구들 뒤에 숨어서 우르르 몰려다니면 안 돼요.

그러면 공이 사람들을 맞고 여기저기 튀면서 한꺼번에 여러 명이 탈락할 수도 있어요.

피구는 사람이 많이 남아 있는 쪽이 승리 팀인 거 아시죠?

탈락하지 않도록 조심해야 해요.

공을 잡아야 할 때는, 공이 다시 튕겨 나가지 않도록 감싸듯이 잡아 주세요.

1 통통키 아저씨가 알려 주려고 하는 것은 무엇인가요?

① 피구를 더 잘하는 법　　　② 피구할 때 공 잡는 법

③ 피구하는 방법　　　　　　④ 피구의 용어와 규칙

2 피구를 더 잘하는 법으로 알맞지 <u>않은</u> 것은 무엇인가요?

① 공을 피할 건지, 잡을 건지 빠르게 결정해요.

② 상대방의 눈과 공을 주의 깊게 봐요.

③ 친구들 뒤에 숨어서 몰려다녀요.

④ 공은 감싸듯이 잡아요.

3 다음 피구 경기에서 승리한 팀은 어느 팀일까요?

피구는 사람이 많이 남아 있는 쪽이 승리 팀인 거 아시죠?

- 민수팀 : 총 10명 참여. 5명 탈락. 10 - 5 = 　　　　명 남음

- 지수팀 : 총 10명 참여. 3명 탈락. 10 - 3 = 　　　　명 남음

　　　　　　　팀

대(大) 크다를 뜻하고
대라고 읽어요.

 다음 낱말을 큰 소리로 읽어 보세요.

대장 대회 거대

최대 위대하다

이 글자는 양팔을 벌리고 있는 사람의 모양이에요.

모양	뜻	소리
大	크다.	대

쓰는 순서와 쓰기

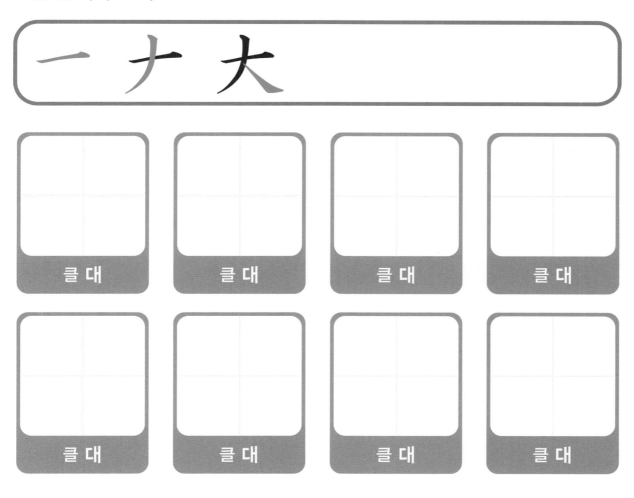

一 ナ 大

클 대	클 대	클 대	클 대
클 대	클 대	클 대	클 대

낱말에 대(大)가 숨어 있으면 그 낱말에는 '크다.'의 뜻이 들어 있어요.

낱말에 똑같이 들어 있는 글자에 동그라미 하세요.	낱말에 숨어 있는 같은 한자에 동그라미 하세요.
대장	大장 어떤 일이나 단체에서 으뜸인 사람
대회	大회 기술이나 재주를 겨루는 큰 모임
거대	거大 엄청나게 큼
최대	최大 수나 양, 정도가 가장 큼
위대하다	위大하다 뛰어나고 훌륭함

공통 글자는 무엇인지 써 보세요.	공통 한자는 무엇인지 써 보세요.

클 대(大)가 숨어 있는 낱말에 동그라미 하고 써 보세요. (5개)

학교에서 팔씨름 대장을 뽑는 대회의 결승전에 올라갔다. 상대편 친구의 팔과 손이 내 눈에 거대해 보일 정도로 떨렸다. 나는 최대로 힘을 끌어 올려 최선을 다했고, 우승하였다. 나 자신이 위대하게 느껴져서 우쭐한 기분이 들었다.

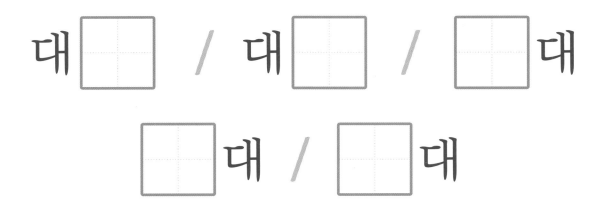

대　　　/　대　　　/　　　대

　　　대　/　　　대

기본 낱말 다시 배우기 (명사)

  운동이나 경기에서 이기고 지는 것을 겨루는 일

움직임을 나타내는 말 (동사)

 루 다 서로 이기고 지는 것을 다투다.

성질이나 상태를 꾸며 주는 말 (형용사)

현수는 게 노력해서 메달을 따냈다.

끈질기다 : 몹시 끈기 있고 질기다.

모양을 흉내 내는 말 (의태어)

농구 하다가 다리를 다치는 바람에 ⬤⬤⬤⬤ 걸었다.

절뚝절뚝 : 큰 물체나 몸이 중심을 잃고 이리저리 자꾸 기울어지게 저는 모양

속담

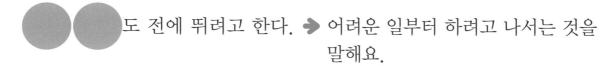

⬤ ⬤ 도 전에 뛰려고 한다. ➡ 어려운 일부터 하려고 나서는 것을 말해요.

곱셈을 배워야 나눗셈을 할 수 있단다. ⬤ ⬤ 전에 뛸 수는 없지.

습관적으로 쓰는 말 (관용어)

⬤ 이 빠르다. ➡ 알맞은 계획으로 빠르게 처리하다.

휴! ⬤ 빠르게 움직여서 컵 깨지는 걸 막았어.

외래어

이번 올림픽에서 우리 선수들은 많은 **스포츠** **파이팅** **메달** 을 땄다.

시간을 나타내는 말을 사용해서 문장을 완성해 보세요. (문법-시제)

"오늘이 목요일이니, (   ) 토요일에 농구 시합을 하자!"

➡ ....

오늘 한자

대(大) : **크다**를 뜻하고 **대**라고 읽어요.

4주

한눈에 보는
집과 청소

집　　청소　　대청소　　청소기　　빗자루　　쓰레받기

쓰레기통　　먼지　　환기　　분리수거　　빨래　　세탁

세제　　다림질　　다리미　　살림　　정리　　가구

침대　　옷장　　탁자　　식탁　　책장　　서랍장

| 청소 | 더럽거나 어지러운 것을 쓸고 닦아서 깨끗하게 함 |

| 분리수거 | 종류별로 나누어서 버린 쓰레기, 재활용품을 거두어 감 |

| 살림 | 집 안에서 주로 쓰는 온갖 물건 |

| 가구 | 집안 살림에 쓰는 기구로 책장, 탁자처럼 큰 물건 |

집과 청소를 나타내는 말을 알아봅시다. (동사)

열다	닫다	쓸다	털다	깨다
넣다	빼다	치우다	버리다	비우다

열다 닫히거나 잠긴 것을 트거나 벗기다.

닫다 뚜껑, 서랍 같은 것을 제자리로 가게 하여 막다.

털다 붙어 있는 것을 떨어지게 흔들거나 치다.

깨다 단단한 물건을 쳐서 조각나게 하다.

치우다 청소하거나 정리하다.

버리다 필요 없는 물건을 내던지거나 쏟거나 없애다.

청소와 가구는 각각 어떤 일을 하는지 따라 써 보세요.

쓸다

털다

치우다

열다

닫다

넣다

집과 청소의 성질이나 상태를 꾸며 주는 말을 알아봅시다. (형용사)

오래되다	시간이 지나간 동안이 길다.
산뜻하다	기분이 깨끗하고 시원하다.
깔끔하다	생김새가 매끈하고 깨끗하다.
지저분하다	정돈이 되어 있지 않고 어수선하다.
손쉽다	어떤 일을 하기가 아주 쉽다.
어수선하다	뒤섞여 마구 헝클어져 있다.

 어떤 말이 들어가야 할까요?

오래   산뜻   깔끔   지저분

- 대청소를 하니 집 안이   하다.

- 책상을   하게 치우니 보기 좋다.

- 옷장 안에서   된 사진첩을 찾았다.

- 장난감이 너무   해서 깨끗이 닦았다.

한 문장 독해 _ 한 문장으로 된 글을 읽고, 물음에 답하세요.

나는 책상 서랍을 빼서 깔끔하게 정리하였다.

---

1. 나는 무엇을 정리했는지 쓰세요.

....

학교 경비 아저씨께서 교문 앞을 깨끗하게 쓸고 계셨어요.

---

2. 교문 앞을 쓸고 계신 분은 누구인가요?

할아버지 / 교장 선생님 / 학교 경비 아저씨

교실을 청소하면서 마지막으로 쓰레기통을 비웠어요.

---

3. 교실을 청소하면서 마지막으로 무엇을 했나요?

손을 씻었어요. / 먼지를 털었어요. / 쓰레기통을 비웠어요.

두 문장 독해 _ 두 문장으로 된 글을 읽고, 물음에 답하세요.

> 식탁 위를 치우다가 엄마가 아끼시는 컵을 깨 버렸다.
> 엄마가 속상해하실 것 같아 걱정되었다.

1. 어디를 치우다가 컵을 깼는지 쓰세요.

> "지민아, 먼지를 털 때는 창문을 열어야 해."
> "아! 그래야 먼지가 밖으로 나가겠네요."

2. 창문을 열고 하는 집안일은 무엇인가요?

> 빨래 / 먼지 털기 / 걸레질 / 설거지

> 스팀다리미는 일반 다리미보다 손쉽게 옷을 다릴 수 있다.
> 옷걸이에 걸어 놓고 뜨거운 수증기를 이용해 다림질하기 때문이다.

3. 스팀다리미는 무엇을 이용한 다리미인가요?

> 뜨거운 수증기
> 무거운 무게
> 차가운 수분

세 문장 독해 _ 세 문장으로 된 글을 읽고, 물음에 답하세요.

언니와 함께 어수선한 옷장을 정리했다.
옷장을 열어 보니 오래되거나 입지 않는 옷이 많았다.
필요 없는 옷은 의류 수거함에 넣고 옷장 문을 닫으며 마무리했다.

1. 언니와 무엇을 정리했나요?

....

2. 옷장에는 어떤 옷이 많았나요?

....

3. 필요 없는 옷은 어디에 넣었나요?

....

소리를 흉내 내는 말 (의성어)

- 아빠는 거실 바닥을 깨끗하게 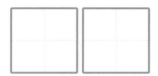 걸레질하셨어요.

  싹싹 : 거침없이 밀거나 쓸거나 비비는 소리

- 유리컵이 떨어져 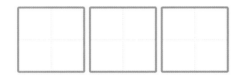 깨지고 말았어요.

  쨍그랑 : 얇은 쇠붙이나 유리가 떨어지거나 부딪쳐 맑게 울리는 소리

- 청소를 마치고 시원한 물을  마셨다.

  꿀꺽꿀꺽 : 액체나 음식이 목구멍으로 한꺼번에 많이 자꾸 넘어가는 소리

- 잠긴 서랍을 열쇠로 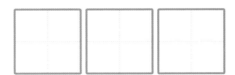 열었어요.

  짤가닥 : 작고 단단한 물체가 조금 가볍게 맞부딪치는 소리

집과 청소 _ 관계있는 속담

집 떠나면 고생이다.

내 집이 제일 좋다는 말이에요.

집 떠나면 고생이야.
역시 우리 집이
제일 편해!

등잔 밑이 어둡다.

가까이 있는 사람이 오히려 잘 모르는 경우를 뜻해요.

등잔 : 기름을 담아 등불을 켤 때 쓰는 그릇

등잔 밑이 어둡다더니
책상 아래에
있는 걸 몰랐네.

집과 청소 _ 관계있는 습관적으로 쓰는 말 (관용어)

벌집 쑤시어 놓은 것 같다.

정리가 안 되어 정신없다.

신경을 못 썼더니
방이 벌집 쑤시어 놓은 것처럼
지저분해졌다.

제집 드나들듯

마음대로 왔다 갔다 하다.

단짝 철이는
우리 집을
제집 드나들듯 한다.

헷갈리기 쉬운 낱말 (맞춤법)

 어긋나거나 맞지 않다.

 같지 않다.

 잘못 쓰기 쉬운 낱말 (맞춤법)

 설거지 　먹고 난 뒤의 그릇을 씻어 정리하는 일

설거지 ◯ 　　설걷이 ✕

• '틀리다'와 '다르다'를 구분해 알맞은 말에 동그라미 해 보세요.

비가 온다고 했던 어제의 일기 예보가 달랐다 틀렸다 .

두 신발은 모양이 같지만 색깔이 다르다 틀리다 .

• 바르게 쓴 말에 동그라미 하세요.

누나는 저녁을 먹고 나서 설거지 설걷이 를 했다.

94

'이어 주는 말'을 사용하여 문장을 만들어 보세요. (문법-접속 부사)

| 그리고 | 그래서 | 그러면 | 그래도 |

"방 정리를 깜빡했다. (　　　　　) 많이 더럽지는 않네."

➡ ....

나는 양말을 빨았다. (　　　　) 내 책상 위도 닦았다.

➡ ....

낡은 다리미가 고장 났어요. (　　　　) 새 다리미를 샀어요.

➡ ....

"창문을 잘 닦았구나. (　　　　) 이번에는 냉장고를 청소하자."

➡ ....

다음 글을 읽고, 물음에 답하세요.

아내와 일을 바꾸기로 한 날이 되었어요.

아내는 밭으로 일을 나가고, 남편은 집안일을 시작했지요.

그런데 어디선가 쿵쾅쿵쾅, 와르르 시끄러운 소리가 나는 게 아니겠어요?

마당에서 키우던 돼지가 집 안을 온통 뒤죽박죽으로 만드는 소리였어요.

"어휴. 문 잠그는 걸 깜박해서 이렇게 됐군. 아차! 소에게 풀도 먹여야 하는데 들에 나가기 귀찮은걸. 옳지, 지붕 위에 있는 잡초를 먹게 하자."

남편은 커다란 소를 밧줄에 묶어 낑낑 지붕 위로 끌어 올렸어요.

밭일을 마치고 돌아온 아내는 엉망진창이 된 집을 보고 깜짝 놀랐어요.

1 아내와 일을 바꾸기로 한 날 일어난 일이 <u>아닌</u> 것은 무엇인가요?

① 아내는 밭으로 일을 나갔어요.

② 남편은 집안일을 했어요.

③ 돼지가 집 안을 엉망진창으로 만들었어요.

④ 문을 잘 잠갔어요.

2 남편은 소에게 풀을 먹이기 위해 어떻게 했나요?

① 데리고 들로 나갔어요.

② 밧줄에 묶어 지붕 위로 끌어 올렸어요.

③ 엉망진창 집으로 데리고 들어왔어요.

④ 밭으로 보냈어요.

3 '여럿이 마구 뒤섞여 엉망이 된 모양'이란 뜻으로 돼지가 집 안을 엉망으로 만든 것을 어떻게 나타냈나요?

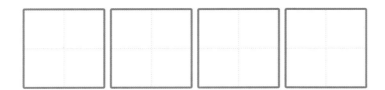

마당에서 키우던 돼지가 집 안을 온통 ●●●●으로 만드는 소리였어요.

다음 글을 읽고, 물음에 답하세요.

시청자 여러분, 안녕하세요.

오늘 소개해 드릴 제품은 로봇 청소기 '로키'입니다.

여러분도 소문 들어 이미 알고 계시죠? 가격은 떨어뜨리고, **성능**은 높이고! 바로 '로키'를 선택해야 할 이유입니다.

우선, 로봇 청소기를 사용한 경험이 있는 분들은 다 아시겠지만, 로봇 청소기가 열심히 청소하다가 힘이 스르륵 빠지면서 그 자리에서 멈추기도 하죠.

이것은 연속 사용 시간이 짧아서인데요.

'로키'는 그런 걱정을 싹 씻어 줍니다!

기존 로봇 청소기의 연속 사용 시간 30분에서 두 배 이상 늘어난 80분! 아무리 넓은 집도 거뜬하게, 말끔히 청소합니다.

성능 : 기계가 하는 일이나 가진 성질을 말해요.

1 어떤 제품을 판매하고 있나요?

① 로봇 청소기　　　　　② 식기세척기

③ 무선 청소기　　　　　④ 정수기

2 로봇 청소기 '로키'를 선택해야 하는 이유가 <u>아닌</u> 것은 무엇인가요?

① 연속 사용 시간이 길어졌어요.

② 넓은 집만 청소할 수 있어요.

③ 가격이 싸졌어요.

④ 성능이 더 좋아졌어요.

3 '로키'의 연속 사용 시간은 기존 로봇 청소기와 비교해 얼마나 더 사용할 수 있나요?

기존 로봇 청소기의 연속 사용 시간 30분에서 두 배 이상 늘어난 80분! 아무리 넓은 집도 거뜬하게, 말끔히 청소합니다.

로키 80분 – 기존 로봇 청소기 30분

$$80 - 30 = \boxed{} 분$$

실(室)   집, 건물, 방을 뜻하고
실이라고 읽어요.

 다음 낱말을 큰 소리로 읽어 보세요.

화장실 실내화 교실

실내   거실

100

이 글자는 집에 도착한 것을 그린 모양이에요.

모양	뜻	소리
室	집, 건물, 방	실

쓰는 순서와 쓰기

` ` 宀 宀 宁 宏 宏 室 室

| 집실 | 집실 | 집실 | 집실 |
| 집실 | 집실 | 집실 | 집실 |

낱말에 실(室)이 숨어 있으면 그 낱말에는 '집, 건물, 방'의 뜻이 들어 있어요.

<table>
<tr><td>낱말에 똑같이 들어 있는 글자에 동그라미 하세요.</td><td>낱말에 숨어 있는 같은 한자에 동그라미 하세요.</td></tr>
</table>

화장실	화장室 대소변을 보거나 손을 씻을 때 쓰는 곳
실내화	室내화 건물 안에서만 신는 신발
교실	교室 유치원이나 학교에서 학습 활동이 이루어지는 방
실내	室내 방이나 건물 안
거실	거室 가족이 모여서 생활하는 공간

공통 글자는 무엇인지 써 보세요.	공통 한자는 무엇인지 써 보세요.

집 실(室)이 숨어 있는 낱말에 동그라미 하고 써 보세요. (5개)

급해서 화장실까지 힘껏 뛰다가 실내화가 찢어지며 미끄러졌다. 그 바람에 온 교실이 웃음바다가 되었다. 선생님도 실내에서 뛰면 안 된다고 꾸중하시다가 웃어 버리셨다. 저녁에 거실에 둘러앉아 이 일을 가족에게도 이야기하며 웃었다.

☐☐실 / 실☐☐

☐실 / 실☐ / ☐실

기본 낱말 다시 배우기 (명사)

 **소**　더럽거나 어지러운 것을 쓸고 닦아서 깨끗하게 함

움직임을 나타내는 말 (동사)

 **치**　**다**　청소하거나 정리하다.

성질이나 상태를 꾸며 주는 말 (형용사)

책상을 하게 치우니 보기 좋다.

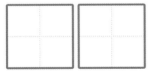

깔끔하다 : 생김새가 매끈하고 깨끗하다.

소리를 흉내 내는 말 (의성어)

청소를 마치고 시원한 물을 마셨다.

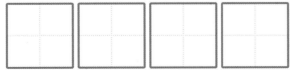

꿀꺽꿀꺽 : 액체나 음식이 목구멍으로 한꺼번에 많이 자꾸 넘어가는 소리

속담

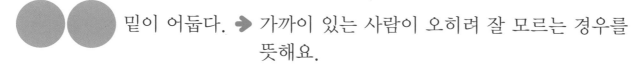 밑이 어둡다. ➔ 가까이 있는 사람이 오히려 잘 모르는 경우를 뜻해요.

밑이 어둡다더니 책상 아래에 있는 걸 몰랐네.

습관적으로 쓰는 말 (관용어)

드나들듯 ➔ 마음대로 왔다 갔다 하다.

단짝 철이는 우리 집을   드나들듯 한다.

헷갈리기 쉬운 낱말과 잘못 쓰기 쉬운 낱말 (맞춤법)

두 신발은 모양이 같지만 색깔이 **다르다**   **틀리다** .

누나는 저녁을 먹고 나서 **설거지**   **설겆이**   를 했다.

'이어 주는 말'을 사용하여 문장을 만들어 보세요. (문법-접속 부사)

낡은 다리미가 고장 났어요. (   ) 새 다리미를 샀어요.

➔ ....

오늘 한자

실(室) : 집, 건물, 방을 뜻하고
　　　 실이라고 읽어요.

1주

15p 어떤 말이 들어가야 할까요?

말끔, 화려, 특이, 멋지

16p 한 문장 독해

1. 옷걸이   2. 머리카락

3. 말끔하고 단정하게

17p 두 문장 독해

1. 넥타이   2. 입은 옷

3. 보석 상자 안에 걸어 두셨다.

18p 세 문장 독해

1. 멋쟁이   2. 목걸이와 귀걸이

3. 참 멋지다고 생각한다.

22p 여러 가지 뜻을 가진 낱말 (다의어)

2, 1, 3

23p 피동 표현과 사동 표현을 사용하여 문장을 완성해 보세요. (문법–피동과 사동)

언니가 민지에게 바지를 입혀 주었다.

형이 동생에게 양말을 신겨 주었다.

할머니께서 나에게 반지를 끼워 주셨다.

삼촌이 나에게 파란색 모자를 씌워 주셨다.

25p 한 문단 독해 1 (우화, 동화)

1. ③   2. ②   3. 주렁주렁

27p 한 문단 독해 2 (지식글)

1. ①   2. ②   3. 11

30p 낱말에 똑같이 들어 있는 글자에 동그라미 하세요.

30p 낱말에 숨어 있는 같은 한자에 동그라미 하세요.

31p 손 수(手)가 숨어 있는 낱말에 동그라미 하고 써 보세요. (5개)

(박)수   (가)수   (선)수   (실)수   (세)수

확인 학습 32p ~ 33p

구, 꾸, 화려, 달랑달랑, 날개, 날개, 안경, 안경

형이 동생에게 양말을 신겨 주었다.

手, 手

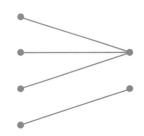

3주

63p 어떤 말이 들어가야 할까요?

가능, 끈질기, 아쉽, 세

64p 한 문장 독해

1. 우리 팀의 점수   2. 경기
3. 친구 머리에 맞았어요.

65p 두 문장 독해

1. 육상 대회   2. 팔씨름
3. 경기에서 졌다.

66p 세 문장 독해

1. 야구   2. 타자
3. 공보다 먼저 마지막 홈에 이르면

70p 외래어

메달, 파이팅, 스포츠

71p 시간을 나타내는 말을 사용해서 문장을 완성해 보세요. (문법－시제)

나는 어제 아빠와 야구 경기를 봤었다.
내일 시험을 위해서, 오늘은 푹 자야겠다.
우리 반이 그토록 기다리던 체육 대회 날이
바로 오늘이다!
"오늘이 목요일이니, 모레 토요일에 농구 시
합을 하자!"

73p 한 문단 독해 1 (우화, 동화)

1. ③   2. ④
3. 느려요/빨라요/기어가요/뛰어가요

75p 한 문단 독해 2 (지식글)

1. ①   2. ③
3. 민수팀 : 5명 / 지수팀 : 7명 / 지수팀

78p 낱말에 똑같이 들어 있는 글자에 동그라미 하세요.

78p 낱말에 숨어 있는 같은 한자에 동그라미 하세요.

79p 클 대(大)가 숨어 있는 낱말에 동그라미 하고 써 보세요. (5개)

대(장)   대(회)   (거)대   (최)대   (위)대

확인 학습   80p ~ 81p

합, 겨, 끈질기, 절뚝절뚝, 걷기, 걷기, 발, 발, 메달
"오늘이 목요일이니, 모레 토요일에 농구 시합을 하자!"
大, 大